N'tein N'dio dite Hawa Berthé

Mon instinct de Motivation

N'tein N'dio dite Hawa Berthé

Mon instinct de Motivation

Sortir de sa cage, devenir un mercenaire à la solde de ses rêves!

Éditions Muse

Imprint

Cover image: www.ingimage.com

Publisher:
Éditions Muse
is a trademark of
International Book Market Service Ltd., member of OmniScriptum Publishing Group
17 Meldrum Street, Beau Bassin 71504, Mauritius

Printed at: see last page
ISBN: 978-620-2-29664-9

L'échec est juste une autre manière de nous révéler que nous méritons mieux que ce que nous recherchons. Même si le chemin est rempli d'embûches ayez la capacité d'endurer et de continuer. Toutes les grandes réalisations succèdent les orages !

N'tein N'dio Motivation

Votre plume

Lorsque vous êtes aux creux de la vague les gens qui vous bâtiront un pont de soutien méritent de rester dans votre vie quand vous atteindrez le sommet !

Ntein Ndio Motivation

Votre plume !

Tant que notre esprit est concentré sur des hauts faits et des conquêtes, nous ne pourrons jamais profiter des délices qui nous ont été accordées par l'énergie Divine !

N'tein N'dio Motivation

Votre Plume !

La sagesse, c'est aussi l'acceptation de l'inexplicable malgré le besoin d'explication !

N'tein N'dio Motivation

Votre plume !

L'approbation que tu cherches ailleurs, se trouve en toi-même ! Crois-en toi !

N'tein N'dio Motivation

Votre plume !

Même si le temps est rude, on aura raison de la lassitude !

N'tein N'dio Motivation

Votre plume

Laisse ta joie d'être devenir ta plus belle arme de séduction !

N'tein N'dio Motivation

Votre plume !

La peur d'échouer, je l'enterre jusqu'à ce que je réussisse ! Même là, elle me sera inutile !

N'tein N'dio Motivation

Votre plume !

La valeur de tes idées réside dans tes actions ! Agis !

N'tein N'dio Motivation

Votre plume !

Ta réussite se résume à l'efficacité de tes chois et aux fruits de tes moments de sacrifices !

N'tein N'dio Motivation

Votre plume !

La qualité de ta routine d'aujourd'hui déterminera la qualité de demain !

N'tein N'dio Motivation

Votre plume !

Un jour viendra où tout prendra son sens, et là tu comprendras le sens de tes épreuves !

N'tein N'dio Motivation

Votre plume !

La différence constitue la richesse de l'humanité qui mérite d'être sauvegardé ! La beauté de la mosaïque réside dans ses tesselles ! La différence, elle rime avec sagesse ! Regardons-nous comme des êtres humains à part entière et non avec l'égo !

N'tein N'dio Motivation

Votre plume !

S'ils veulent connaître la raison de ta détermination, fais-leur comprendre que c'est la fierté de tes parents et de ta patrie qui te préoccupent !

N'tein N'dio Motivation

Votre plume !

Je veux être riche de ta différence pour pouvoir valoriser ta différence !

N'tein N'dio Motivation

Votre plume !

La considération n'a de la valeur que lorsqu'elle est réciproque ! Tu me considère, je le fais encore mieux ! Dans le cas contraire, mon indifférence gagne le terrain !

N'tein N'dio Motivation

Votre plume !

L'homme qui prend soin de sa famille ne sera jamais dominé par les tempêtes de la vie !

N'tein N'dio Motivation

Votre plume !

Les gens que vous considérez chanceux, ne le sont pas plus que vous ! Ils connaissent tout simplement le sens du travail acharné, seul lui procure de la détermination !

N'tein N'dio Motivation

Votre plume !

La chance, c'est le genre de situation qui n'arrive souvent qu'une seule fois dans la vie ! Bosse chaque jour pour créer la tienne !

N'tein N'dio Motivation

Votre plume !

Apprenez à prendre soin de la personne qui prend le plus soin de vous ! Rien n'est acquis dans la vie ! Même votre cœur mérite des remerciements du fait qu'il vous produit des battements chaque jour !

N'tein N'dio Motivation

Votre plume !

Choisissez minutieusement votre entourage ! Le bateau suit la direction octroyée par le gouvernail !

N'tein N'dio Motivation

Votre plume !

L'expérience de tes épreuves t'illumines de l'intérieur et de renforce ! Surmonte-les avec résignation et héroïsme !

N'tein N'dio Motivation

Votre plume !

Ecoute ce qui brûle dans ton cœur, cherche à connaître les failles de ton âme et améliore-les ! Sois vrai, sois unique, tôt ou tard les choses conspireront en ta faveur !

N'tein N'dio Motivation

Votre plume !

Des amis qui deviennent aussi importants que la famille, sont des frères et sœurs que la vie a oublié de nous donner !

N'tein N'dio Motivation

Votre plume !

La peur te paralyse et t'enfonce dans le trou de ta propre limite ! Le courage, il te sublime et t'aide à devenir le maître de ta vie ! Rien n'est trop tôt, rien n'est trop tard, profitez de votre bel âge ! Il y'a des regrets qui ne se lavent pas avec le temps !

N'tein N'dio Motivation

Votre plume !

L'échec est juste une autre manière de nous révéler que nous méritons mieux que ce que nous recherchons. Même si le chemin est rempli d'embûches ayez la capacité d'endurer et de continuer. Toutes les grandes réalisations succèdent les orages !

N'tein N'dio Motivation

Votre plume

Lorsque vous êtes aux creux de la vague les gens qui vous bâtiront un pont de soutien méritent de rester dans votre vie quand vous atteindrez le sommet !

N'tein N'dio Motivation

Votre plume !

Tant que notre esprit est concentré sur des hauts faits et des conquêtes, nous ne pourrons jamais profiter des délices qui nous ont été accordées par l'énergie Divine !

N'tein N'dio Motivation

Votre Plume !

La sagesse, c'est aussi l'acceptation de l'inexplicable malgré le besoin d'explication !

N'tein N'dio Motivation

Votre plume !

L'approbation que tu cherches ailleurs, se trouve en toi-même ! Crois-en toi !

N'tein N'dio Motivation

Votre plume !

Même si le temps est rude, on aura raison de la lassitude !

N'tein N'dio Motivation

Votre plume

Laisse ta joie d'être devenir ta plus belle arme de séduction !

N'tein N'dio Motivation

Votre plume !

La peur d'échouer, je l'enterre jusqu'à ce que je réussisse ! Même là, elle me sera inutile !

N'tein N'dio Motivation

Votre plume !

La valeur de tes idées réside dans tes actions ! Agis !

N'tein N'dio Motivation

Votre plume !

Ta réussite se résume à l'efficacité de tes chois et aux fruits de tes moments de sacrifices !

N'tein N'dio Motivation

Votre plume !

La qualité de ta routine d'aujourd'hui déterminera la qualité de demain !

N'tein N'dio Motivation

Votre plume !

Un jour viendra où tout prendra son sens, et là tu comprendras le sens de tes épreuves !

N'tein N'dio Motivation

Votre plume !

La différence constitue la richesse de l'humanité qui mérite d'être sauvegardé ! La beauté de la mosaïque réside dans ses tesselles ! La différence, elle rime avec sagesse ! Regardons-nous comme des êtres humains à part entière et non avec l'égo !

N'tein N'dio Motivation

Votre plume !

S'ils veulent connaître la raison de ta détermination,
fais-leur comprendre que c'est la fierté de tes parents
et de ta patrie qui te préoccupent !

N'tein N'dio Motivation

Votre plume !

Je veux être riche de ta différence pour pouvoir valoriser ta différence !

N'tein N'dio Motivation

Votre plume !

La considération n'a de la valeur que lorsqu'elle est réciproque ! Tu me considère, je le fais encore mieux ! Dans le cas contraire, mon indifférence gagne le terrain !

N'tein N'dio Motivation

Votre plume !

L'homme qui prend soin de sa famille ne sera jamais dominé par les tempêtes de la vie !

N'tein N'dio Motivation

Votre plume !

Les gens que vous considérez chanceux, ne le sont pas plus que vous ! Ils connaissent tout simplement le sens du travail acharné, seul lui procure de la détermination !

N'tein N'dio Motivation

Votre plume !

La chance, c'est le genre de situation qui n'arrive souvent qu'une seule fois dans la vie ! Bosse chaque jour pour créer la tienne !

N'tein N'dio Motivation

Votre plume !

Apprenez à prendre soin de la personne qui prend le plus soin de vous ! Rien n'est acquis dans la vie ! Même votre cœur mérite des remerciements du fait qu'il vous produit des battements chaque jour !

N'tein N'dio Motivation

Votre plume !

Choisissez minutieusement votre entourage ! Le bateau suit la direction octroyée par le gouvernail !

N'tein N'dio Motivation

Votre plume !

L'expérience de tes épreuves t'illumines de l'intérieur et de renforce ! Surmonte-les avec résignation et héroïsme !

N'tein N'dio Motivation

Votre plume !

Ecoute ce qui brûle dans ton cœur, cherche à connaître les failles de ton âme et améliore-les ! Sois vrai, sois unique, tôt ou tard les choses conspireront en ta faveur !

N'tein N'dio Motivation

Votre plume !

Des amis qui deviennent aussi importants que la famille, sont des frères et sœurs que la vie a oublié de nous donner !

N'tein N'dio Motivation

Votre plume !

La peur te paralyse et t'enfonce dans le trou de ta propre limite ! Le courage, il te sublime et t'aide à devenir le maître de ta vie ! Rien n'est trop tôt, rien n'est trop tard, profitez de votre bel âge ! Il y'a des regrets qui ne se lavent pas avec le temps !

N'tein N'dio Motivation

Votre plume !

Ce qui est complet s'accomplira, ce qui est vide se remplira, ce qui usé deviendra neuf et notre souffrance, le vent du bonheur et du succès l'emportera !

N'tein N'dio Motivation

Votre plume !

Pourquoi tu dois rester toi-même ? Puisque là où on t'aimera réellement pour ce que tu es, est là où se cachera le plus beau tresor de ta vie ! Le faux semblant ne dure qu'un temps, le réel est ce qui captive et retient ! Le temps est précieux, le cœur encore plus !

N'tein Ndio Motivation

Votre plume !

Il n'y a pas de personne parfaite ! Il y'a juste cette personne dont tu te décides à supporter les défauts et de miser sur ses qualités !

N'tein N'dio Motivation

Votre plume !

Respirer est une grâce, vivre relève de la compétence ! Ne vous contentez d'errer au fil du jour, laissez la vie s'émerveiller en vous !

N'tein N'dio Motivation

Votre plume !

Si tu veux avoir ce que le monde a à t'offrir, tu dois pouvoir montrer au montrer au monde ce que tu as de meilleur et merveilleux en toi !

N'tein N'dio Motivation

Votre plume !

Beaucoup savent séduire pour la rendre amoureuse, mais peu savent comment se conduire pour la rendre heureuse ! Des belles paroles qui germent l'amour dans son cœur si fragile doivent comporter une flamme ! La femme est un trésor qui mérite d'être respecté

N'tein N'dio Motivation

Votre plume !

Que l'avarice de sentiment ou d'expression ne te fasse perdre les personnes les plus importantes de ta vie !

N'tein N'dio Motivation

Votre plume !

Ta vie, c'est l'écho de tes actes ! Le monde ne te donne que ce que tu as la capacité d'accomplir !

N'tein N'dio Motivation

Votre plume !

La bonté n'est pas un échange mais un acte de foi ! Ne sois pas de ceux qui sont complexés de recevoir les bonnes actions d'une personne parce que tu n'as jamais agi de cette manière avec elle ! Ne cachez pas votre complexe sous les draps de la reconnaissance, acceptez la pureté du cœur des autres, tous ceux qui agissent en bien envers vous n'attendent pas de contrepartie !

N'tein N'dio Motivation

Votre plume !

L'incertitude de ta réussite te pousse à travailler dur ! C'est l'inconnu qui donne la force de croire, d'espérer, de vivre ! Tout ce qui est indispensable à l'homme reste une énigme !

N'tein N'dio Motivation

Votre plume !

Le plus beau sentiment au monde, c'est d'être rassuré que ce qui sort de soi ne se retournera pas contre soi par cette oreille disponible !

N'tein N'dio Motivation

Votre plume !

Printed by Books on Demand GmbH, Norderstedt / Germany